戚发轫

"神舟"首任总设计师讲述：

# 中国航天的历程

中国文史出版社

# 目　录

第一章　打破核讹诈 / 001

　　各显神通，抢占太空 / 002

　　学造飞机，不想再当亡国奴 / 005

　　与苏联的恩恩怨怨 / 010

　　"东风"压倒了"西风" / 015

　　聂帅请我们吃手抓羊肉 / 016

第二章　响彻太空的"东方红" / 019

　　毛主席说："要搞就搞个大的" / 020

　　"航天十八勇士" / 024

　　"抓得住、看得见、听得到" / 030

　　"文革"的潜礁暗流中，有周总理保驾护航 / 035

　　"小伙子，成啦！" / 043

第三章　载人航天的"三步走" / 051

　　先把"地球上的事"办好 / 052

　　"中国人要上天，而且要快" / 061

　　保成功、保安全，就一个字，"干！" / 063

　　要穿自己的航天服 / 075

　　飞船与卫星相比先进在哪儿？ / 078

　　下一站——月球 / 099

　　我们的法宝：航天精神 / 101

中國故事

第一章

**打破核讹诈**

航天产业对于一个国家非常重要。中国航天事业的奠基人钱学森同志说过，航天技术被世人普遍认为是 20 世纪现代科学最重大的成就和发展最快的学科之一，是当代科学技术与基础工业最新成就的高度结合，是一个国家科技水平和综合国力的重要标志。胡锦涛同志曾在神舟六号飞船发射庆功会上讲过一句话，他说："无垠的太空是全人类的财富，探索太空是全人类的追求。"中国人有权利利用这个资源，中国人也有义务去探索这个空间。美国前总统小布什也在 2004 年讲过，在新世纪，谁能够有效地运用太空资源，谁就能够获得更多的财富和安全。

## 各显神通，抢占太空

太空里有丰富的资源，主要分三种。一是轨道资源。航天器脱离地球以后，在太空运行，有各种各样的运行轨道。对一个国家来讲，这种轨道就是宝贵的资源。比如，有一种是地球同步轨道，或者叫地球静止轨道，位于赤道上空 3.6 万公里的高度，若把卫星送到这个轨道上，这个卫星相对于地球就是静止的；还有一种是太阳同步轨道，在这个轨道上运行的卫星可以定时经过指定国家的某处获取信息。这些轨道都是有限的。

二是环境资源。航天器进入轨道之后，将一直处于失重状态。地球上所有的物质和生物都是在重力场中形成的，但是到了没有重力的环境会怎样，人类当前并没有完全搞清楚，而地面模拟无论如何都会受到限制，因此，在太空建立空间站就显得尤为重要。另外，太空里有各种各样的辐照，在辐照的作用下，很多生物材料都会发生变化。比如，各类种子随飞行器在天上运行一段时间再返回地面以后，经过育种专家的精心筛选、培育，就会培育出地球上从未有过的植物品种。现在开展的空间育种工作，便是利用这点。另外还有取之不尽的太阳能。而与地面上不同的是，太空中不分昼夜，不分阴晴天，太阳一天 24 小时都可以得到有效利用，且阳光无须透过大气层，因此能量不会得到衰减，产生的效益非常高。

三是物质资源。地球上的资源非常紧张，而整个太阳系有很多行星，人类便希望能够在其他行星上开发资源。以登月为例，美国人到月球拿了几十公斤的石头回来，给了中国一克。这一克石头，一半放在了北京天文馆，另一半给了地质学家欧阳自远。他据此分析，有一种资源，地球上只有几百吨，而月球上有几百万吨。用它来发电的话，可以供整个地球的人类用一万年。所以，探索宇宙，征服宇宙，这是全人类的梦想，中国人也不例外。

美国第一个登月的航天员阿姆斯特朗回来以后，美国政府曾在为他起草的演讲稿中写道，"月球是属

问：在我国，"航天"的概念是从什么时候出现的？

戚发轫："航天"的概念是卫星上天以后才有的。最初的叫法也不规范，我们院叫中国空间技术研究院，但是院属的领导机关叫"中国航天科技集团"，而我现在所在北京航空航天大学兼任院长的那个学院又叫"宇航学院"。对"天"的概念，国外称"空间"，有的称"太空"，而在国内"天"的概念最初是钱学森命名的。钱老说，我们要起一个有中国特色的名字，我们不叫"太空"，也不叫"宇宙"，也不叫"空间"，我们就叫"天"。"天"指的是人类生活的第四环境（陆、海、空、天），国家主权延伸的第四个领域。原来有领土、领海、领空，现在有"领天"了。（《航天情系中国梦——访中国著名空间技术专家戚发轫院士》，《中国社会科学报》2015 年 11 月 12 日第 843 期）

于美国的"，他给改成了"月球是属于全人类的"。然而，话虽如此，一个国家要想利用月球的资源，没有登月的能力是不行的。

所以，我们要探索太空，首先要有进入太空的能力。要克服地球引力，把一定重量的航天器送到轨道上去，绕着地球运行。

中华人民共和国成立后的短短几十年间，我国发射了大量卫星，同时，我国也成为既能把卫星送上去又能收回来的三个国家之一。到目前为止，我国可以把 10 吨重的航天器送入近地轨道，把 5 吨重的航天器送入地球同步轨道。当前正在研制的大型运载火箭——"长征五号"发射成功后，将意味着我国和美、俄、日和欧洲等国家和地区一样，具备发射 20 吨以上航天器的能力。

中国航天事业从起步发展到现在，不过短短几十年。能够取得如此辉煌的成就，靠的就是背后无数航天人的拼搏努力。我很幸运地成为他们当中的一员。

## 学造飞机，不想再当亡国奴

我 1933 年出生于辽宁，1938 年到了大连。我的名字"发轫"，是位私塾先生起的，字典里这样解释：
"拿掉支柱的木头，使车前进。"在日本统治之下的东
北，我们中国人属于二等公民，日本人甚至准备把我
们的姓都改成"木村"之类的日本姓。每天背着书包
走进校门后的第一件事就是被强行集中到操场中间，
面向东方三鞠躬，然后大声高颂：我们是天皇陛下的
臣民！……"然后才能走进教室上课。"中国人为什
么被说成是日本天皇的臣民？"我回家问母亲，母亲
告诉我，因为我们是"亡国奴"。我当了好几年"亡
国奴"，没有国家的滋味很难受。1945年大连被苏联
红军解放后，我们都不知道毛主席，只知道斯大林。

　　抗美援朝战争开始时，我正在大连念高中。美

1950年8月，中国安东（今丹东）被美军轰炸

1950 年被美军轰炸的鸭绿江大桥

国的飞机经常到东北丹东、沈阳轰炸，但因为苏军
在大连驻扎，有强大的空军力量，美机从来都不敢
到大连去。当时，志愿军伤员是经大连码头返回国
内，我们这些学生要把伤员从船上抬到医院去抢救
治疗。他们都是被美国飞机轰炸扫射受伤的，伤情
惨不忍睹，我们看后都非常难过和愤怒。我想，没
有国家受欺负，有了国家，国家不强大也得受欺负。
我下决心，一定要去造飞机。从此，造飞机这个念
头就深深地扎根在我心中。高考时，我三个志愿全
填的是飞机系。

1952 年，全国高校院系调整，各大学的航空系
都合并起来，成立了北京航空学院。得知了这个消

1958 年的北京航空学院

1952 年，戚发轫在清华大学西门留影

20 世纪 60 年代，在国防部第五研究院工作时，戚发轫（后排左一）与战友合影

息，我十分兴奋，积极报考，最终如愿以偿。那时北航还没有校舍，我先在清华大学校园内上了一年半，等北航建起了校舍，才回去继续读，直至 1957 年毕业。

## 与苏联的恩恩怨怨

当时，还从未有卫星上天，也没有航天的概念。毕业后，我本来是想造飞机的，恰逢 1956 年我国成立了国防部第五研究院，负责研制导弹，我有幸被分配到了这个单位。整个研究院上百号人，有老有小，也有从国外回来的，但除了院长钱学森，谁也没见过导弹什么样。导弹概论这门课是钱学森给我们上的，讲的是最基本的原理。当时有人想，这么大的科学家怎么亲自给我们这些毛头小伙子上这门课呢？

有意思的是，在这个带有"扫盲"性质的培训班，后来出了不少火箭、卫星专家，如王德臣、沈辛荪等。

钱学森在这门课一开始说，搞导弹绝不仅仅是靠科学家，而要有一批既有实践经验又有理论基础的队伍。起初，中苏关系良好，苏联确实帮助过我们。1957年年底，苏联派了一个导弹营到中国来，为此，我国成立了一个炮兵教导大队培养中国导弹

讲课中的钱学森

1958 年，在大连解放军俄文专科学校，戚发轫（后排中）与老师及同学合影。他原本打算结业后赴苏学习，但因种种原因，未能成行

部队的干部。组织上派遣部分新来的大学毕业生到这个大队中当兵锻炼，我被分配到技术连，学到了不少知识和技能。快到结业的时候，组织上要派十几个人到苏联军事院校学导弹技术，其中有我。为此，我们先到大连解放军俄文专科学校补习俄文。不久，由于中苏关系恶化，又接到通知说，苏联不接收现役军人到军事院校学习，我们就只好回北京。后来组织上想了个变通办法，让我们脱了军装，通过高教部到莫斯科航空学院学导弹。为此，我作好了出发前的各种准备。因为不能穿军装了，大家都做好了西服；组织上考虑到学习时间很长，让有条件

1957 年入伍后，戚发轫（左一）与战友合影

的结了婚再去，我就连婚都结了。可是到最后，被派去的十几个人，搞材料的、搞空气动力学的、搞强度的都可以去，唯独我这个搞总体设计的不能去。我特别难过。

"总体设计"在航天技术里是指用最可靠的技

1960 年,在五院工作时的戚发轫

术、最少的代价、最有利的配合、最有远见的前瞻性、制定出最可行方案的一种系统工程方法。通俗地说,学总体的人就是准备干总设计师的人。导弹技术涉及国家核心利益,苏联人怎么会让一个中国人去观其全局,然后再研制出自己的系统呢?

既然去不了,那就只有跟国内的苏联专家学。结果 1960 年苏联专家全部撤走,把资料也都拿走了。那种感觉很屈辱。然而,屈辱也是一种力量。通过这件事我们意识到,搞导弹、搞航天,靠别人不行,只能靠自己。

## "东风"压倒了"西风"

苏联专家曾留下这样的警告：作为推进剂的液氧，必须用苏联的，中国的杂质太多。中国人不服，液氧的沸点是−183℃，怎么从苏联运？如果不全程高压就变成气了，这是在设障。我们坚持用自己生产的液氧发射，到底把东风一号送上了天。

东风一号用了苏联的图纸资料，东风二号就完全没有任何经验可借用了。东风二号要加大射程、提高运载能力，自己设计一开始确实没有经验。1962年2月第一次发射，导弹在发射场上掉了下来，在戈壁滩上砸了一个大坑。我是第一次参与这样的工

东风一号导弹发射

1960 年，"欢送"苏联专家回国

作，当时只觉得对不起党，对不起人民，心里非常
难过，无地自容。当时，老五院副院长王秉璋在导
弹发射现场鼓励我们说，失败是成功之母，我们不
要气馁，总结经验回去继续干。就这样，在研发人
员的不懈努力下，1964 年，东风二号成功发射了。

### 聂帅请我们吃手抓羊肉

研发原子弹的时候，毛主席问钱学森，原子弹
要靠什么送出去。钱学森讲，靠飞机比较困难，靠

1966 年 10 月 27 日，导弹核武器发射成功后，聂荣臻（前左四）、钱学森（前左三）同科研人员合影。戚发轫在第二排右三，与聂帅只隔了一个人

导弹比较快。如果导弹相当于枪，原子弹就好比是子弹。所以当时中央定的方针就是"两弹为主，导弹第一"。1964年，东风二号导弹发射成功，我们就着手进行"两弹结合"，研制导弹核武器。这个决策震动世界，然而风险也是极大的，因为这是在我国自己的国土上进行导弹核武器试验，必须万无一失。为此，周总理专门提出"严肃认真，周到细致，稳妥可靠，万无一失"的十六字方针。我们还专门研制了"自毁"系统，以备万一在飞行中出了故障，可以把核导弹炸掉，以保航区的安全。我们在酒泉基地待了五个多月，作了两次冷试验。10月26日，聂荣臻同志亲临第一线，指导中国第一次核武器试验，也就是热试验。此次试验取得了圆满成功，打破帝国主义的核讹诈，大长了中国人的志气。为庆祝胜利，聂帅还请我们吃了一次正宗的手抓羊肉。

如今再去酒泉，手抓羊肉作为一道特色菜，已经可以经常吃到。发射基地的人们风趣地说，这里的羊吃的是中草药（骆驼草等）、喝的是矿泉水（地下水）、持两国护照（基地地处中蒙边境，一不留神，羊就出了国），这么特殊的羊，肉味儿能不好？但我看来，现在再也找不到当年吃手抓羊肉那种香喷喷的感觉了。

第二章

响彻太空的"东方红"

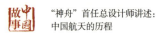

## 毛主席说："要搞就搞个大的"

1957 年 10 月 4 日，苏联把人类第一颗卫星送上了天，轰动了整个世界。毛主席在 1958 年八届六中全会上说："我们也要搞人造卫星，要搞就搞个大的。"发射卫星要靠运载火箭，于是，"两弹结合"成功之后，我就参加了运载火箭长征一号的研制工作。

当时，卫星的研发工作由中国科学院负责。中国科学院主管国防尖端科研任务的新技术局把人造卫星研制任务列为 1958 年科学研究发展规划的第一项重点任务，简称"581"任务。当时在"争上游"的形势下，人们对发射人造卫星热情很高，想得也较简单。中国的卫星怎么起步，谁心里也没有个数。在这关键的时刻，邓小平同志分析了国内经济、科技形势，实事求是地按照科学规律，对卫星发射战略作了精辟的分析。1959 年 1 月 16 日，中国科学院副院长张劲夫传达了邓小平同志关于现在放卫星与国力不相称、要调整空间技术研究任务的指示。实

毛主席在上海参观探空火箭

周恩来接见钱学森（右）

践证明，邓小平同志把握住了中国卫星的发展航向，是从实际出发、符合国情的。因为国家经济、技术力量有限，为了国防的急需，只能优先保证导弹、原子能的发展。在这种情况下，重点开展人造卫星单项技术的研究，创造必需的研究试验条件，就能为空间技术的发展打下良好的基础，一旦条件成熟，就可以在短时期内研制和发射我国的人造卫星。

毛主席一直关注着我国卫星研究和试验条件准备工作的进展。1960年5月28日晚，毛主席在一些领导同志的陪同下来到上海新技术展览会。他躬身

朱德参观运载火箭

仔细察看了 T-7M 探空火箭。得知飞行高度为 8 公里时，他兴奋地说："8 公里也了不起呀！"又说："应该是 8 公里、20 公里、200 公里搞上去。"毛主席还鼓励大家一步一步地把探空火箭搞上去，为发射中国的卫星作准备。

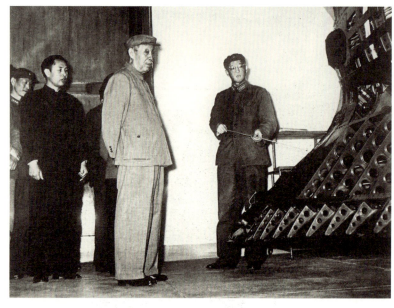

董必武参观运载火箭

## "航天十八勇士"

1964 年，我国首枚导弹和原子弹相继试验成功，国家也度过了三年经济困难时期，国民经济调整、巩固、充实、提高的工作任务已经完成，于是，加速我国空间技术发展的问题开始提上议事日程。中国科学院的赵九章上书中央，建议加速我国空间技术的发展。聂荣臻副总理非常重视这些建议，并批示有关部门组织落实，这就是"651"任务。1965 年

刘少奇参观运载火箭

刘少奇视察中国运载火箭技术研究院

戚发轫陪同张爱萍（左一）视察中国空间技术研究院

初，聂荣臻副总理根据我国国民经济的发展情况，
特别是当时我国在运载火箭技术上有所突破的条件
下，指出："人造卫星只要力量有可能，就要积极去
搞。"中国科学院受国防科委委托，组织编写了《关
于发展我国人造卫星工作的规划方案建议》，同年 5
月，周恩来总理主持的中央专委第十二次会议，批准
了这一规划。这一规划为我国空间技术发展奠定了
基础。1968 年 2 月，中央根据聂荣臻副总理提出的
国防科技体制调整方案，以及毛主席"1025"对此方
案的批示，成立了中国空间技术研究院，中国科学

1966 年 10 月 28 日，戚发轫（二排右七）与第七机械工业部同志合影

戚发轫（前排左二）与领导们在一起

东方红一号卫星内部

院新技术局下属的研制卫星的队伍被调到这里，专门负责研制卫星、飞船。钱学森任第一任院长。

钱学森认为，研制卫星是一个系统工程，必须要有总体设计部。钱学森亲自点名孙家栋来组建这个单位，孙家栋按照专业配套，选了18个人到了总体部。其中有搞总体的、搞总装的、搞测试的、搞能源的、搞控制的，连搞调度的、搞资料的都包括了，我也有幸成为其中之一。这就是所谓的"航天十八勇士"。

东方红一号责任到人,分头把关

发射场当年条件极其艰苦

20世纪60年代，工程组的同志在食堂过年

## "抓得住、看得见、听得到"

中国第一颗卫星到底应该是什么样？这个难题
就落到了孙家栋的头上。科学家每个人都有一个课
题，都希望把自己的成果用在中国第一颗卫星上。
但是每个人的课题进展不一样，卫星研制进度很紧
张，重量又受限制。孙家栋根据当时中央对卫星的
要求——"抓得住、看得见、听得到"来作出决策，
凡是跟这三项要求有关的技术，即使来不及也必须

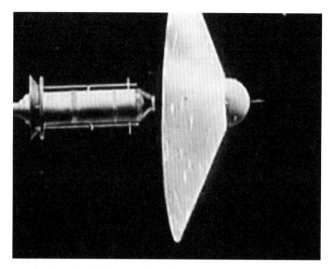

东方红一号卫星上装有一个观测裙，因此在其最初运行时亮度可达三等星，可用肉眼观察到

抓紧研制；无关的技术一律不采用，即使以后有用，这个时候也不采用。比如，太阳能电池很先进，但来不及研制成功，又不影响这三项要求的实现，就未被采用，而是采用了已有的化学蓄电池。

为了做到"看得见"，我们专门请教了天文学家，夜间从地面上能不能用肉眼看见一千多公里外的太空中直径为一米的物体，天文学家说看不见。我们就想办法，在末级火箭上加了个观测裙，表面上加上反光的涂层，发射的时候是收起来的，入轨以后因为旋转展开，形成直径为十米的发光物体，肉眼在地面就能看得见了。5月1日晚上，毛主席亲眼看到了这颗卫星。至于"听得到"，因条件所限，以当年的水平，星上的功率、地面接收机的灵敏度的限制，靠普通的收音机、靠耳朵是听不见乐曲的。所以，地面站接收了卫星信号再通过中央人民广播电台转播出去，全国人民才在收音机里听到了《东方红》乐曲。为什么要"抓得住"，因为要准备预报什么时候到哪个国家首都了，要让全世界人民都看得见，都来感受社会主义中国的强大。什么时候经过天安门城楼上空，也得预报准确才行，这样毛主席在天安门也能看见了。

根据搞导弹的经验，为了保证飞行试验成功，必须作充分的地面试验。但中国空间技术研究院和

卫星回收试验

总体部刚刚成立，条件还很差，为试验带来许多意想不到的困难。比如，卫星天线在发射的时候是收起来的，到天上以后，要靠旋转把天线甩出来，这就必须要在地面作大量的模拟试验。没有场地，我们就到了中国科学院力学所的一个仓库去作试验。试验的时候，天线甩出来很危险，有伤人的可能。当时没有条件配置安全防护设备，年长者拿仓库里包装箱的盖子当防护板，透过缝隙观看试验，年轻人骑在房梁上从上面看试验。就是在这种艰苦的条件下，我们经过多次试验，成功找到了关键环节，确定了设计参数和天线的状态。类似的试验也都是在这种简陋的条件下作成的。

　　世界上第一颗卫星是苏联发射的，美国人非常紧张，所以紧跟着在1958年也发射了一颗卫星。第三是法国，接下来就看日本和中国哪个快了。由于我们遭遇"文化大革命"，发射时间比日本人晚了两个月。日本是2月发射的，成为了世界第四。1970年4月24日，中国把第一颗卫星用长征一号运载火箭送上天，成为世界第五个进入太空的国家。值得自豪的是，我们的卫星比前四个国家首发的卫星加起来都重——苏联的是83公斤，美国的是八点几公斤，法国的是38公斤，日本的是九点几公斤，加起来是140公斤，我们的是173公斤。

东方红一号车间

东方红一号进行总装

## "文革"的潜礁暗流中，有周总理保驾护航

物质条件差还好克服，真正大的压力是"文化大革命"所带来的。"文革"中，知识分子是被"改造"的对象。最早搞东方红一号卫星可行性论证和带队去苏联考察的赵九章，在"文革"中受迫害自杀；搞卫星方案论证的钱骥被打成"反动学术权威"，"靠边站"了；新调来的孙家栋在"清理阶级队伍"

东方红一号卫星钛框加热

的时候因为出身问题也"靠边"了。当时的毛泽东
思想宣传队提出,按巴黎公社的原则,由群众投票,
选举业务班子。他们规定,从科学院选两个,七机
部来的选两个,谁票多谁当业务班子的组长。结果,
我票数最多。这个组长我当也不是,不当也不是。
当吧,没有正式任命;不当,工作没人去做。无奈之
下,我便当了这个组长。可有的人觉得我这个组长

攻克东方红一号卫星大面积镀金难关

不是任命的，一些保密文件不给我看。在钱学森帮助下，我才能看到文件。当时，我本人的老家被抄了，爱人到干校"改造"去了，来帮忙看孩子的老母亲也因为出身问题被"清理"出了北京，我的两个孩子也只好跟着一起离开了。有类似遭遇的人很多。负责研制《东方红》乐曲播放设备的刘承熙因为"社会关系复杂"，在调试设备的时候，进不了保密车间，只能坐在门外，我们在里面调试，出了问题找他商量，然后再回去做。发射的时候，不仅不允许他到发射现场，而且还被送去干校进行"改造"。

研制东方红一号时，"四人帮"是跟周总理对着干的。周总理负责领导卫星研制工作，他们就幸灾乐祸地说，卫星上天，红旗落地。为此，周总理和我们都背负着巨大的政治压力。所以，当我们讨论卫星发射方案的时候，有人提出，运载火箭第一次上天，万一达不到第一宇宙速度，卫星唱着《东方红》乐曲掉下来了，那不就是"红太阳落地"了吗？这样无论如何都没有办法交代，尤其是在政治上。为此，有人提出研制一个过载开关，达到第一宇宙速度就接通电源，唱《东方红》乐曲，若达不到则不唱，免得造成重大政治影响。但是又有人提出，过载开关也是第一次上天，谁能保证不出问题？要是出了问题，该唱又唱不了怎么办？这个问题把大家都难倒了，连钱学森也做不了主，只好请示周总理。最后，周总理拍板，去掉了这个开关。

此外，在当时的政治形势下，每个人都佩戴着

调试卫星

长征一号火箭发动机在进行试验

正在与火箭结合的东方红一号卫星

竖立在发射台上的长征一号火箭和东方红一号卫星组合体

让《东方红》乐曲响彻宇宙太空

毛主席像章，卫星上每个仪器上也都贴着毛主席像。但卫星是有重量限制的，并且贴着像章影响散热，掉下来就变成多余物了。然而，当时没人敢随便把像章拿下来，我们只好请示周总理。周总理说，你看我们这儿也没有那么多毛主席像，科学家要按科学办事，既然不需要，那就拿掉。所以，最后发射的东方红一号卫星并没有贴毛主席像章。

在酒泉基地，经过精心的准备，技术阵地测试完毕，卫星和运载火箭已经对接，水平放在运输车上，正当准备转运到发射阵地时，我们接到通知——回北京到人民大会堂给周总理汇报工作。当时的习惯是，汇报工作之前都要念《毛主席语录》，总理特意说，你们不用念了，直接汇报吧。听完汇报，总理问道，上天之后能不能准确播放《东方红》乐曲，会不会变调？我只能老实回答，凡是想到的，地面能作的试验我都作过了，就是没有经过上天的考验。总理说，你们工作做得很细，但要写个报告，经政治局讨论后才能转场。我一听连忙说："总理，来不及了！"他问为什么来不及，我说：我让研制蓄电池的人作了四天四夜横放的试验，蓄电池中的电解液不漏，再久了我就没有把握了。总理便用责

1970 年 4 月，在发射现场召开誓师动员大会

备的口气说："为什么不多做几天？"我说："我们搞总体的同志没有提出这个要求。"总理便语重心长地说，你们搞总体的人，要像货郎担子和赤脚医生那样，走出大楼，到第一线去，把你们的要求原原本本地告诉人家，人家不就会做了吗？汇报回来我们马上赶写书面报告，任新民负责写火箭的一级、二级，杨南生负责写火箭的第三级，卫星的部分则是由我来写。白纸黑字，心里总有些犹豫；考虑再三，那份报告的结论我当时还是写得很肯定。因为我想，如果我们自己对产品质量都不敢肯定，那怎么能要求中央尽快批准发射呢？既然我们所作的一次次试验、一项项工作是有把握的，还留余地干什么？我们很希望这一颗星早日打到天上去。第二天早上，我们就把报告交上去了。最后中央批准了，在四天之内转场了。受了周总理的批评，我心里虽然有点儿委屈，但周总理的教诲我终生铭记在心，并一直按照他的要求去做。

## "小伙子，成啦！"

我永远忘不了发射那天——1970年4月24日。那天晚上天气不好，指挥部领导和我们下面的同志都

东方红一号的零号指挥员

1970年4月24日21时35分，发射控制台操纵员胡世祥按下发射按钮，东方红一号随后升天

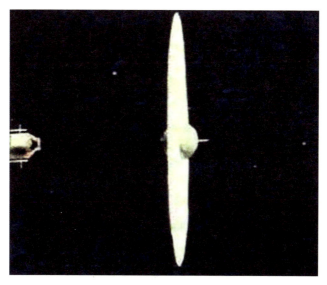

长征一号火箭与东方红一号分离

很焦急，都希望发射的时候是个大晴天，能够用光学
跟踪设备把发射轨迹测量下来。当年的发射基地司令
（现场总指挥）非常着急，老问天气好不好。还好天
公作美，晚上9点多钟，天空中的云层在发射轨道的
方向上裂开一道缝。卫星发射很顺利，我们在敖包山
上相继听到口令"点火""星箭分离"……基地司令一
听到"星箭分离"的口令（说明入轨了）就很高兴，
一拍我肩膀："小伙子，成啦！"准备庆功。我说不
成，还得等着，还没听到《东方红》乐曲呢。直到喀
什站收到信号才放下心来。这就看出搞卫星的和搞火
箭的情况不一样。

《人民日报》刊登东方红一号卫星发射成功喜报

　　新华社马上发出喜报，天安门广场上手握《毛主席语录》的人们开始狂欢庆祝，街道和乡村的百姓团团围坐在收音机旁收听《东方红》，《参考消息》将所有外媒报道集中了一整版，其中德新社的报道写道："中国人过去被大大低估了。"

　　卫星发射成功之后，正当我们准备乘专列回北

当卫星通过北京上空时，人们争相眺望

东方红一号卫星发射成功后，全国人民欣喜万分

东方红一号发射成功后的喜悦（前为戚发轫）

京，接到通知说让我们几个人乘专机回北京。到了
才知道，"五一"晚上要到天安门城楼上观礼。组织
上要求大家穿上最好的衣服，我回家翻了个遍，最
好的还是当年的军装。上了天安门城楼，我们发现
自己被安排在靠近过道的一排，而不是最前排。正
在纳闷儿，毛主席走了过来，总理向他介绍说，这
几个人就是发射卫星的功臣。毛主席同我们每个人
都握了手。观礼结束，主席离开的时候，又同我们
一一握手。这时，我们才明白我们所在位置是主席
的必经之路，这是总理的苦心安排。那一刻，"文化
大革命"中所受的一切苦累和委屈都烟消云散了。

1970 年 4 月 24 日，人们通过收音机收听我国第一颗人造地球卫星发回的《东方红》乐曲

东方红一号的音乐盒

发射成功后，指战员正紧张地分析试验结果

1970 年 4 月 24 日，基地官兵收听到卫星发回的《东方红》乐曲

第三章

# 载人航天的"三步走"

## 先把"地球上的事"办好

1970 年，苏联、美国处于冷战时期，争相搞载人航天工程。1971 年 4 月，我国也将载人工程的研发提上了日程，称作 714 工程。但当时载人航天技术久攻不下，大家也有争论——在这样困难的条件下，国家到底该不该花这么多钱去作这项研究？最后，周总理说，以现在的情况，我们不跟他们搞这个比赛，而要先把地球上的事办好。他的意思是，

工作中的通信卫星

1984 年 4 月,东方红二号通信卫星发射前夕,张爱萍(左)到西昌发射中心现场指导工作,右二为戚发轫

让我们先作好民用卫星技术的研究,让老百姓受益,再去研发载人航天工程。这是个重大的决策。所以,1975 年,载人航天工程暂时下马。但此前所做的工作也为日后正式开展载人航天工程积累了经验。

总理下达指示后,我们便集中精力研发通信卫星、气象卫星、返回式卫星,等等。现在看来,这个决定是非常正确的。举例来说,1984 年之前,中国没有通信卫星,中央电视台的节目是依靠微波中转传送的,每隔 50 公里建一个中继站,成本非常高,而且覆盖面积小,信号也不好。当时不是全国各地都能收到电视节目,电视机几乎卖不出去。1975

1984年,在西昌卫星发射中心五院试验队驻地,航空航天部副部长张镰斧(左一)陪同电子部、广电部领导看望试验队员

1984年,在西昌卫星发射中心五院试验队驻地,国防科工委副主任马捷(左二)看望试验队员,与戚发轫(左三)热情握手

风云一号卫星

年实施 331 卫星通信工程，研制了东方红二号通信
卫星、长征三号运载火箭，在西昌建了一个发射场，
在北京和新疆建了通信地面站和包括"远望号"测
量船在内的测控系统。1984 年 4 月 8 日，我国在西
昌卫星发射中心，用长征三号运载火箭将东方红二
号卫星送入了距离地球赤道上空 3.6 万公里的地球静
止轨道，定点于东经 125°。从此，全国各地都能收
到电视信号，接收信号的天线一下子如同雨后春笋
般到处架设起来，电视机变得供不应求。1984 年的

国庆大阅兵，全国老百姓都能从电视机里看到实时直播。

通信卫星的研发工程是 1975 年由毛主席亲自批示的，投资了十个亿。如今，我国已经先后发射了东方红二号、东方红三号、东方红四号卫星，东方红五号正在研制中。并且，我国自主研发的通信卫星已经出口到尼日利亚、委内瑞拉、巴基斯坦等南非、南美和亚洲国家。

为把中国的测控能力覆盖到全球，保证中国的航天器和航天员在地球任何地方都能和指挥中心保持实时联系，我国又研发了中继卫星来解决这个问题。目前，我国已经发射了"天链一号 01"星、"天链一号 02"星、"天链一号 03"星共三颗中继卫星，建立起第一代中继卫星系统。信号可经中继卫星实时转至地面，大大提高了信息传输的效率。这样中国的航天员在任何地方都可以和家里通话，对地观测卫星的信息、随时都可以实时传到国内。

除了信息传输，卫星还有一项很重要的功能是信息获取。通过设计轨道，令卫星定期到指定位置获取信息便是其中一项内容。这项功能应用比较典型的是气象卫星。每晚中央电视台的天气预报上播放的云图就是我们自己的卫星——风云二号静止轨道气象卫星拍摄下来的。还有风云三号极地轨道气

戚发轫（右二）在试验返回舱落点现场考察

象卫星，负责在一定时间内获取全球的气象资料和云图。我国曾宣布，所获取的气象资料无偿地提供给世界各国使用，因此，世界气象卫星组织的主席曾由中国人担任。

　　卫星第三项重要功能是信息发布，即导航定位。要满足国民经济发展和国防建设需求，必须依靠全球导航定位系统。目前，美国、俄罗斯已各自建立起自己的全球导航定位系统，欧洲很多国家也在建立自己的全球导航定位系统，我国一直是使用美国的 GPS 系统，但建立起独立的自主可控的系统是发展的必然趋势。但不是发射一两颗卫星就行了，这个系统起码得发射二三十颗卫星之后才能建成。

我国科学家陈芳允提出，在静止轨道的两个不同位置分别放上一颗卫星，再加上地面站，可以形成一个区域性导航系统。目前，这个系统已经建成，称作"北斗一号"。我国在建的自主可控的全球导航定位系统"北斗二号"，到目前已发射30余颗卫星。届时，我国对于车、船、飞机、导弹、巡航弹等活动目标均可实现导航定位。

迄今为止，我国已发射卫星200多颗，仍在工

问：无人航天与载人航天的区别是什么？

戚发轫：要把人送入太空，技术上的复杂就不去说了。关键是，载人航天人命关天，安全性和可靠性成为最重要的一个理念。搞载人航天必须把安全和质量放在第一位。

一般来讲，航天产品可靠性为0.97。比如火箭发射100发，允许3次失败。载人航天因为有人，必须保证人的安全，就提出安全性指标为0.997，也就是3‰的失败率。两个合在一起，故障率就是1/300000。也就是每天发一次，30年都不能出事。

要做到这一点，很不容易，要把所有可靠性措施都用上。比如搞飞船，要做到第一次故障出现时能正常运行，

当年东方红一号卫星"起飞"的酒泉卫星发射中心,又承担起中国载人航天工程的发射任务

出现第二次故障时航天员能安全返回,为此必须有故障对策。因此,火箭从起飞到把飞船送到预定轨道,就有 8 种故障救生模式,不同高度都有。在任何情况下,也要让人安全回来。在飞船入轨之后制定了 180 多种故障对策,在70 多万条计算机程序中,30% 是应付正常飞行,70% 是用来应付故障,可见工作量之大。

载人和不载人不一样就在这里。为了保证人的安全,所有能想的都想了。载人航天确实为航天事业创造了可靠性和安全性的高水平。

(《戚发轫:从"神舟"到"天宫"》,《人民日报》2011年 9 月 26 日第 20 版)

戚发轫（前右二）查看神舟一号飞船液浮陀螺

作的有近 100 颗。当前太空中工作着的卫星有将近 1000 颗，其中美国占了 490 多颗，欧洲和俄罗斯均为 100 多颗。从数量上讲，我国很快就会超过 100 颗，但是与美国等先进国家相比还是少。但从每年的发射数量上讲，俄罗斯占第一位，美国和中国不是并列第二，就是中国第二、美国第三。我相信，不久我国在轨卫星的数量将超过它们。俄罗斯确实发射了很多，但也掉下来不少，近三年失败过八次，而这种情况在我国近年来是没有过的。

在看到成绩的同时，我们也要看到自己同世界先进水平的差距。比如，卫星照相的分辨率，其他

戚发轫与孙家栋（右）亲切交谈

国家可以精确到零点几米，我国还只是一米；世界上寿命最长的卫星是 15—18 年，我国的卫星寿命最长的则是十三四年。

## "中国人要上天，而且要快"

随着我国综合实力的不断增强以及国际形势的变化，1986 年，王大珩、陈芳允、王淦昌、杨嘉墀四位科学家挥笔上书，将"跟踪世界先进水平，发展我国高技术"的建议呈报中共中央。邓小平同志立即批示：此事宜速决断，不可拖延。随即组织数百名科学家进行反复论证。经中共中央、国务院批准，《中国高技术研究发展计划纲要》迅速在全国得以开展实施。由于上述事件均发生在 1986 年 3 月，所以该纲要又称作"863 计划"。

"863 计划"中的一个重要部分是中国载人航天工程。专家组经过五年的论证，得出结论：第一，中国人一定要上天，而且要快，否则跟不上世界发展形势；第二，中国人载人航天要用飞船，而不是航天飞机；第三，要想搞飞船，需要做好哪些方面的准备工作。

用飞船而不用航天飞机，这是专家组经过严谨论证之后得出的结论。虽然航天飞机是世界顶尖水平科学技术的集成，但不适合中国国情。航天飞机技术难度大，比大飞机还要复杂得多，而我国的大飞机至今仍在研发当中。此外，航天飞机的一个特点是上天之后可以再回来，虽可以重复使用，但穿越大气层时，2000℃的高温会将机身表面的几万片防热瓦烧毁，再次发射的时候需要全部更换，造价太高。并且，航天飞机没有救生系统，万一出现故障，会直接威胁航天员的生命安全。美国"挑战者号"与"哥伦比亚号"航天飞机的失事曾造成共 14 名航天员遇难，这个教训是非常惨痛的。美国自己承认采用航天飞机是一个

神舟五号飞船发射前检查杨利伟的座椅

错误的决策，现已令航天飞机退役。

## 保成功、保安全，就一个字，"干！"

　　经过充分的准备工作，1992 年，中国载人航天工程正式上马。计划分三步走，第一步是载人飞船阶段，要求研发飞船载人上天，运行一段时间之后安全返航。也就在这个时候，我被任命为载人飞船

戚发轫在神舟五号发射现场

总设计师,负责总体工作。

作为我个人来讲,在59岁快要退休的年龄,突然要承担这么大一件事情,心理上是很矛盾的,一方面感到应该由一个年轻力壮、年富力强的人来担当这个重担;另一方面,在思想上又必须服从领导的安排,因此需要突破心理障碍。

我在俄罗斯观看过"联盟号"飞船的发射过程,三个航天员上天前总设计师要签字表示一切准备就绪,可以发射。载人航天是人命关天的事,我的压力可想而知。但是,这是国家交付的任务,我自然义不容辞。

要实现载人航天,首先得研发出无人飞船。中央给我们的任务是"争八保九",即争取在1998年首次发射无人飞船,确保在1999年首次发射。

1998年11月,江泽民主席、李鹏委员长、朱镕基总理参观载人飞船初样产品以后提出:能否在1999年国庆的时候发射成功?要知道,这在当时几乎是不可能实现的。时间紧不说,按航天产品的研制程序,初样只能用于地面试验,初样试验之后,要重新投产正样产品才能上天。然而,我们的任务是"争八保九",1999年又是国家大庆之年,澳门也要回归了。为此,我们发动群众集思广益,提出一个大胆的方案,就是用初样产品改装成一个最小配置、

**问**：有人说，国外看中国航天觉得很"敬畏"，不是因为如今的成就，而是因为中国的这一批航天人既年轻又富有经验，您怎么看待这个观点？

**戚发轫**：20 世纪 60 年代美国发射阿波罗飞船时，当时美国航天局的科研人员平均年龄大概是 28 岁，年轻有活力。2010 年的数据是 42 岁，他们自己也感觉到老化了。俄罗斯平均年龄比美国还大。

我们确实在平均年龄上占点优势。比如"天宫一号"空间实验室系统团队里，平均年龄是 31 岁，而且这些年轻人起码经过了 3—5 年的工程实践锻炼，但是神舟八号和空间实验室的总设计师、总指挥都是从 1992 年就开始和我一起干，十几年酸甜苦辣都尝过，看似是年轻的总师，但经验丰富。中国航天发展，靠的就是优秀的年轻人，而且目前这支年轻的队伍，可以说是既年轻又富有实践经验的队伍。这对我们今后的航天事业发展的意义不言而喻。

**问**：未来不断将会有年轻血液补充到这支队伍中，怎样让年轻人成长得又快又扎实？

**戚发轫**：第一是实践，现在的年轻人都有较高的学历，有较扎实的理论基础，他们缺乏的是实践锻炼。自己要勇于实践，组织上要给他们创造锻炼的机会，这是最主要的。记得有不少发展中国家的技术人员到中国来学习研制卫星，他们都是从西方国家获得硕士和博士学位的，但都没有接触过卫星，只有到中国后才接触到卫星。中国有这么好的条件才能培养出这么多的年轻的设计师。中国要不搞载人航天，我也不能成为飞船的总设计师。

　　第二是积累，就是要在自己的岗位上踏踏实实地干几年，甚至是十几年才能成才。要耐得住寂寞，因为在航天领域一项工程都要有较长的时间才能完成。比如东方红一号卫星 1958 年上马，中间停顿，1965 年再开始，1970 年才发射成功；东方红二号通信卫星 1975 年立项，1984 年才发射成功，用了 9 年；神舟飞船 1992 年立项，1999 年神舟一号无人飞船上天，用了 7 年；2003 年，神舟五号才把航天员送上了天，用了 11 年。如果干了两三年就等不及了，就不可能有大工程的成功，个人也不可能成为一个全面的骨干人才。（《戚发轫：从"神舟"到"天宫"》，《人民日报》2011 年 9 月 26 日第 20 版）

保证能回到中国腹地的试验飞船方案，来落实中央领导的要求。同时，为保证安全，产品必须经过充分的地面试验，需要在上天之前建立一个配套的地面试验设施，要赶上初样产品的试验，为此，我们在航天城的一片平地上建起了世界一流的大型真空模拟器、振动台、混响室、电磁兼容试验室等，保证了载人航天的试验需要，这也是在航天史上少有的成就。

最后，经中央批准，在工程领导的大力支持下，经过大家的不懈努力，神舟一号最终按预期时间发射成功，返回落点离预定地点不超过十公里。

我对"神一"怀有特殊的感情。1992年中国

**问**：与国外飞船相比，我国"神舟"载人飞船有哪些技术优势和特点？

**戚发轫**：国外飞船经历了几代的演变。20世纪70年代美国和苏联开始搞载人航天，当时对"人为什么要上天"这个问题的认识并不是很清楚，只是一种冷战时期的需求，因此国外第一代飞船只要把人送上天就够了。随着载人航天的发展，人们逐渐认识到，搞飞船并不是目的，它只是一种天地往返的运输工具，最终目的是建造空间站，于是国外飞船发展了几代。

神舟五号飞船发射成功后，戚发轫在航天城与杨利伟会面

而我国飞船起步比较晚，从一开始研制就有明确的目的性，是作为天地往返运输工具来设计的，起点比较高，在借鉴国外经验的基础上，具有中国的特色，一步到位建成一种多用途的实用飞船，太阳电池翼可以驱动，飞船的姿态能够稳定对地。俄罗斯联盟号飞船直径2.2米，我们的飞船直径2.5米，这在目前使用的飞船中是最大的，我们开始设计布局时就考虑到了交会对接、出舱活动等。（《神舟入轨苍穹路，华夏扬眉天地间——专访"神舟"飞船首任总设计师戚发轫院士》，《国际太空》2014年第1期）

载人航天飞船工程立项时，我国正处于从计划经济向市场经济转变初期，社会上广为流传的一句话是"搞导弹的不如卖茶叶蛋的"。我们这些搞军工科研的人，在当时既不"光彩"，也不"实惠"，所以院里好多年轻人或下海，或出国，或到了外企，研发队伍就是由我们这些五六十岁的人和一些留下来的年轻人组成的。有人产生了怀疑："这样的队伍能搞飞船吗？"

同时，发射"神一"还要建立一个跨行政单位的技术指挥系统。以前我们搞卫星的时候，除了电源系统，其他系统都是我们中国空间技术研究院自己研制配套的，统筹指挥非常简单；但是搞飞船，我们抓总，上海航天技术研究院负责一部分，航天员中心负责一部分，有效载荷部分是由中国科学院负责的。他们都不属于你的编制，行政上不受你的领导，工资奖金也不是你发的，人家能都听你的？很难很难啊！那靠什么？就要靠一种文化，一个指挥者的魅力，要有事公开、办事公正、决策公平，就是所形成的神舟文化的一部分——同舟共济的团队文化。

最后，神舟一号的成功发射，证明我们这个队伍是能胜任的，我们经受住了质疑和考验。因而，"神一"的成功对我来说，非常值得纪念。"神十"

发射前,我还专程去了一趟"神一"的落点,以作怀念。

后来发射神舟五号的时候,有人问我为什么不紧张,我说,我最紧张的时候是发射神舟一号,因为那是第一次上天,冒着一定的风险。而"神五"虽然是载人飞船,但是此前我们已经成功发射了四次无人飞船,把所有的问题都解决了,应该说还是很有把握的。

我们为增强飞船的可靠性与安全性绞尽了脑汁,发现问题、解决问题半点不敢懈怠,排除各种疑虑,使航天员有了平安出征的保证。

如果燃料未用尽,而火箭与飞船的分离速度又不够,有可能造成空中"追尾"事故。万一爆炸,可能直接危及飞船与航天员的安全。为了避免这一事故的发生,就要增加火箭与飞船的分离速度,我立即组织科技人员对飞行程序、飞行软件等进行修改。

1999 年 11 月发射试验飞船之前,有人提出,火箭升空到一定高度工作结束,该与飞船分离的时候,万一分不开怎么办,工程总体部门就要求飞船上再增加一项能让航天员手控发送分离指令的功能,以应对这个"万一"。这个指令要从飞船送到火箭上,还要有独立的电源来支持,牵扯的问题比较多,解决起来很是棘手,当一些人带着抱怨情绪议论纷纷时，我说："只要是为保成功，保航天员安全，一个字：干！"

令人欣慰的是，从 1999 年 11 月 20 日发射神舟一号试验飞船开始，四艘无人飞船相继经受了太空的洗礼，每一次发射都是一次新的跨越，航天员"一步登天"的天梯，在一次又一次的跨越中搭建完成。1999 年 11 月 20 日，"神一"升空后，装在返回舱内的部分应用系统设备进行了初次试验，也取得了满意的结果。

不同于"神一"，"神二"是我国第一艘全系统配置的正样飞船，新增了三个分系统。我们除了组织工程师将飞船旧版本中的薄弱环节修改完善外，还增加了具有载人特色的环控生保系统、应急救生

问：目前我国已经开始研制货运飞船，与"神舟"载人飞船相比，它在研制方面有哪些不同之处？它与国外货运飞船相比又有哪些特点？

戚发轫：我国载人飞船每次乘载 3 人，能运送 300 千克货物，这远远满足不了长期在轨运行的要求，成本也会很高，所以必须研制出货运飞船。研制货运飞船的目的是在轨补给，无关生命，因此没有生命保障系统，在返回时直接烧毁。

系统两个分系统以及模拟航天员代谢装置，轨道舱可以留轨运行，并保证中科院提供的十几种不同有效载荷所需的轨道姿态、电源、环境条件和寿命要求，整天都在高速运转。为了保证中科院提供的蛋白质等生物试验物装置的温度要求，在临发射前8小时，要尽量缩短飞船的检漏时间和调整加电程序。类似的细微工作，不胜枚举。"神二"的研制工作，相当于两颗大型卫星的工作量。还有一件事很特别：当时，不论是导弹、运载火箭还是卫星，乃至"神一"都是乘专列到达卫星发射中心的。"神二"则享受了乘飞机的"待遇"。好处在于，无须像火车运输一样将飞船大卸八块。实践证明，飞船乘飞机比坐火车"舒服"多了。坐火车时有些精密仪器拆下来，

研制货运飞船没有特殊的技术必须突破，只要很好地解决自主交会对接技术和补加技术的应用就没有问题，货运飞船的关键是要有大的运输能力，而且运费要尽量便宜。目前，俄罗斯进步号飞船的运货能力不到3吨，而我国在研的货运飞船将能运送6吨多的货物，飞船的总质量近13吨，采用新研制的长征七号运载火箭发射，因此，我国货运飞船的先进性就表现在运费相对便宜。(《神舟入轨苍穹路，华夏扬眉天地间——专访"神舟"飞船首任总设计师戚发轫院士》，《国际太空》2014年第1期)

只好像宝贝似的由人抱着。乘飞机则使飞船到达基地时仍是一如原来的测试程序，也避免因拆卸而造成的技术状态更改。下飞机后，经过风淋间的"接风洗尘"，便可进入测试阶段。

2001年1月10日，"神二"升空后，应用系统船载设备进行了在轨运行和留轨应用的全部试验，而且应用系统留轨近半年时间内，不论空间天文探测还是空间环境高层大气探测等工作，均取得丰富的太空资料，获得圆满成功。

2002年3月25日，"神三"成功飞天，应用系统的有效载荷分别安装在返回舱、轨道舱和附加段，主要进行了材料科学和生命科学试验，同时穿插进行了部分光学遥感的对地探测等科学活动。

在这期间，"神舟"飞船经过多次试验和考评，也暴露了一些安全方面的问题，暴露一次，改进一次，这也进一步增加了飞船的安全性和可靠性。

2002年12月30日对我国全面掌握和突破载人航天技术具有重要意义的"神四"，在中国酒泉卫星发射中心载人航天发射场，由长征二号F火箭托举升空，成功进入预定轨道。

到了"神五"，一切都准备就绪了。并且，我发现我们中国人的适应空间的能力很强，按照国外的惯例，一般一个人上去之后72小时才能适应环境。

而咱们比他们时间要短得多。杨利伟去了之后一天就适应了，并在落地之后，自己进行了断伞和打开舱门的动作，证明他很快就适应了太空环境。

## 要穿自己的航天服

载人航天工程的第二步是空间实验室阶段，为建立空间站作技术准备。这一阶段必须突破四大技术关键。

一是出舱。搞载人航天，航天员不仅仅是跟随飞船发射出去并安全返回那么简单，他们自己还要做很多工作。除了日常的监控、作试验之外，假如飞船、空间站出现故障，航天员甚至需要到舱外进行修理工作。"神七"运行过程中，航天员就曾出舱把一个部件卸下来拿回舱里，这是我国航天员首次在太空中出舱作业。这项工作看似简单，却不知让科研人员付出了多少心血。其中，关键技术是研制舱外航天服。为了保证航天员在天上生活得比较舒适，舱内运用了先进技术进行减震降噪，并且严格控制温度、湿度。若要出舱，舱外航天服须代替飞船，为航天员提供保温、供氧等功能。航天服研制技术的成熟与否，直接关系到能否保障航天员的生命安全,因此必须做到万无一失。研发"神七"时,我国已与航天服研制技术较为成熟的俄罗斯签订了协议,拟通过购买他们的舱外航天服进行解决。但我们觉得,舱外航天服作为关键技术,若不自主研发,无论如何都说不过去。我们将意见反映到上级领导机关,领导同志经过慎重考虑,作出决定:我们的航天员要穿自己的航天服出舱活动。经过严密组织,各单位大力协作,我们终于研制出了自己的舱外航天服。因与俄罗斯签订有协议,我们不能违约,所以,"神七"发射时,翟志刚是穿了我国自己研制的航天服出舱的,而刘伯明是穿了俄罗斯的航天服,没有出舱,但也算给了俄罗斯一个交代。

二是交会对接。这是规模最大、最复杂的工作,风险也比较大。所以当时的计划是作两次无人交会对接,一次有人交会对接。由于技术准备充分,严密组织,通过对"神八""神九"两次飞行就圆满完成了任务。所以,到"神十"发射时,除了再次验证,又增加了多项科学试验项目和工程试验项目,如中德合作的空间生物的科学试验和飞船绕飞的工程试验。

三是补加技术。航天员长期在太空工作,要保证提供水、氧气、推进剂、各种维修器材和相应的工具。神舟飞船仅仅用于载人,它的承载能力是三

戚发轫（左二）代表中国空间技术研究院与德国 MBB 公司签订空间合作协议后，双方彼此祝酒。左三为孙家栋

位航天员和 300 公斤的物品。而相对航天员长期工作、生活的需要来说，300 公斤远远不够。因此，必须研发承载能力有 5 吨左右的货运飞船，还要研发相应的运载火箭把货运飞船送上天。

　　四是再生式生命保证技术。每送入太空一公斤物品，就要耗费几万美元，十分昂贵，即便以后我们有了货运飞船，长期运送也不经济。所以，要利用再生技术，实现太空中水和空气的循环利用，以满足航天员工作、生活的需求。再生水技术是将航天员用过的水以及排泄物等收集起来，净化之后重新利用，这种技术并不太难；关键在于另外一种技术，即将用过的水经过水气分离，电解出氧气。虽然为了解决航天员的蛋白供应问题，在空间站培养的藻类等生物在生长过程中也会析出氧气，但量太少，远远达不到航天员的需要，所以，我们必须掌握水气分离技术。

等到将这四项关键技术全部突破，并研发出载重为 25 吨的大型运载火箭之后，我们才真正具备了在太空建立空间站的条件。根据我国目前的需要来看，空间站的总重不超过 100 吨，其中包括一个 20 吨左右的核心舱，两个 20 吨左右的实验舱，一个将近 10 吨的载人飞船以及一个 13 吨左右的货运飞船。日后再有需要，可以再扩展。我国的空间站预计在 2020 年建成，"天宫二号"就是在作这方面的准备。

### 飞船与卫星相比先进在哪儿？

载人飞船从待发段、上升段、轨道运行段、再入段到着陆后等待回收的整个过程为航天员创造了一个能正常生活和有效工作的环境。这个环境能够

满足航天员的医学和功效学要求，为此配备了载人
飞船特有的系统；同时，座舱内还为航天员配备了个
人必需的物品，并使航天员能与地面控制中心通话，
向地面传输座舱内和航天员本人的电视图像。载人
飞船最具特点的技术有：

### 环境控制与生命保障技术

为保证航天员在太空生存和生活，载人飞船具
备特有的环境控制和生命保障能力，保证航天员从
进入座舱起到离开座舱的全任务期间，座舱内环境
适合于航天员生存，保障他们在太空飞行的特殊环
境下，安全地生活、正常地工作。为此，在载人飞
船上设置了环境控制与生命保障系统。该系统包括
以下基本功能模块：供氧调压、气体成分控制、通风
净化、座舱内温湿度控制、水管理、食品管理、废
弃物收集处理、航天服内循环、烟火监测与防火等。
环境控制与生命保障系统包括两部分技术：一是座舱
环境控制技术，二是生命保障技术。

载人飞船座舱环境控制技术主要是保证气体环
境控制和座舱防火、防噪声和防辐射。气体环境控
制主要包括气体总压控制、气体成分控制（包括有
害气体的控制与排除）、气体温度控制和气体湿度控
制。在轨道真空、恶劣温度的环境下，建立一个密

问:请您谈谈对载人航天领域国际合作的看法?

戚发轫:过去由于政治和技术上的原因,我们没有能够参与"国际空间站"的建造。中国一直都很愿意与其他国家在载人航天和空间探测领域进行合作,2013年国际宇航大会在北京召开,也促进了国际合作的发展。但是在国际合作的同时,我国也要自力更生,现在我们一些关键技术都是自己攻克,尽管不是最先进的,但是我们应该引以自豪,因为关键技术必须自己掌握,不能受别国牵制。(《神舟入轨苍穹路,华夏扬眉天地间——专访"神舟"飞船首任总设计师戚发轫院士》,《国际太空》2014年第1期)

问:您认为现在制约航天领域发展的最大瓶颈在什么地方?从体制机制角度,国家还需要着力解决哪些问题?

戚发轫:要想超过对手,最大瓶颈有两个问题。第一,我们国家基础工业与发达国家还有差距,有一些关键的原材料和关键的电子元器件还不能够完全满足要求,如碳纤维,还有一些芯片、电子元器件等。所以我们国家的基础工业还得赶上去,一定要有自己的东西。第二是原创性的基础研究还有差距。美国为什么比我们先进？他们若干年前就已经打好基础了。所以美国说："有些东西我先放到抽屉里了，想用，拿出来就能用。"而我们想要搞些东西，就得现去研制。就像要做馒头，人家面都准备好了，而我们却要现开荒、现种麦子，就来不及。

从思想认识的角度讲，要创新就要允许失败，所以创新面临着挑战和压力。在这种情况下，我们必须为科技人员创造一个宽松的环境。尤其对具有创新性、开发性的科研项目应允许失败。要避免一些错误的认识，认为中国的科学研究好像项项都成功，要求任何一个科研项目，尤其是具有创新性、开发性的项目，都必须一次性成功，这是不现实的，必然会给科研人员造成巨大的压力。不允许失败、只准成功、失败不起，可不失败哪能成功呢？"失败是成功之母。"一项大的工程不能失败，但是单项研究是应该允许和宽容失败的。(《航天情系中国梦——访中国著名空间技术专家戚发轫院士》,《中国社会科学报》2015年11月12日第843期)

封座舱来提供一个安全的环境。为保证防火安全,舱内气体为氧氮混合气体,采用供气排气方式控制总压和氧分压。对火工品采取有效的设计和工艺措施,保证不向舱内排放有害气体。人体呼出的二氧化碳和其他微量有害气体成分由净化装置吸收。并利用风机和风扇保证在微重力环境下舱内气体均匀。座舱内温湿度控制由主动液体冷却回路和冷凝干燥器来控制。

载人飞船生命保障技术,主要为解决太空飞行条件下,特别是在轨道飞行的微重力条件下,航天员的进食、饮水和个人卫生所遇到的特殊困难,在座舱内配备各种生活支持设施和物资,保证航天员的正常生活。载人飞船携带了足量的航天食品和饮用水,配备了食品加热装置保证进餐质量。此外,还配备了医学监测设备随时监测航天员的健康,并准备了航天服装备、必要的医保用品、个人救生装备、个人防护装备、飞行文件等,以保障航天员的生命安全。采用微重力水管理技术解决了轨道微重力环境下水的分离和储存问题。

### 仪表与照明技术

由于航天员的存在,载人飞船设置了仪表照明分系统。航天员自进入飞船座舱,在整个任务期间,除与地面指挥中心通话联系外，主要信息的获得都来自仪表系统。仪表系统介于航天员与控制过程之间，是为保障飞行过程安全可靠和支持航天员主动完成在轨飞行任务面设置的系统，其主体是对过程进行监视和控制的人—机接口功能，即：将过程状态信息以易于理解的方式传递给航天员，将飞船命令准确地传递给过程。此外，依任务需要，仪表系统还具有支持对过程进行直接控制功能、进行在轨管理功能。

仪表照明系统的主要功能：一是信息显示、报警和手控指令的接收；二是舱内舱外的照明。

显示和报警信息主要包括：

与飞船飞行状态相关的数据，如飞行轨道、飞行对应的地理位置、高度、姿态、飞行模式，飞行阶段、飞行时间，以及飞行过程中的重要事件等；

飞船各公用系统的工作情况，如导航与控制系统（GNC）状态、舱内环境控制与生命保障系统状态、推进剂和电力供给等能源状况以及相关设备的运行状态等；

支持人工运动控制的信息，包括姿态、操纵飞船平移机动，以及交会对接的相关参数和相关设备的工作状态；

支持实施人工处置系统／设备故障和应急救生飞

行的相关信息；航天员医学生理监测数据等。

接收的指令主要包括：

飞行过程中的各种常规操作以及专门安排航天员自主使用的手控指令，如通信设备状态设置、飞船返回舱着陆后脱伞等；

备份于重要程控/自控指令，进一步保证飞行过程安全、可靠的手控指令，如船箭分离、帆板展开和舱段分离等；

实施人工处置系统/设备故障和应急救生飞行的手控指令；

手动运动控制——实施人工控制姿态、操纵平移机动，以及交会对接的手控指令；

对自动控制系统实施干预，进行控制器参数修正、调整以及设备重组配置的操作指令。

照明系统包括舱内生活与工作照明和舱外照明。

舱内照明设备的功能是保证航天员正确判读仪表显示、准确完成各种操作、阅读飞行手册、记录飞行日志以及生活起居方便等。由于舱内相对密闭以及频繁进出阳照阴影区的特点，使用舱内公用照明、显示仪表照明以及配备备用照明，保持舱内各工作区和生活区的照度满足要求是必需的。

舱外照明主要用于舱天员出舱活动、实施在轨维修、人控交会对接以及支持获取可视图像等目的。

### 人工运动控制技术

人，由于其判断力、创造力和处置故障并维修的能力，在航天活动中有着许多不可替代的作用。发挥航天员的主观能动性，由航天员完成自动系统在某些特定条件下难以胜任的工作，是保障航天员自身安全不可忽视的途径。因此，在载人飞船中配备有支持人工操作和控制的设施，以保证一些重要的指令、动作和功能由航天员的操作和控制作为自动系统的备份或单独由航天员来完成。

载人飞船具备人工运动控制功能——实施人工控制姿态，操纵平移机动。航天员可以借助仪表、舷窗、光学瞄准镜获得姿态、轨道等信息，以及通过独立的人控线路，在特定的情况用手柄操作和控制完成预定的机动任务。

载人飞船在自动系统失效的情况下，由航天员完成维修或接替自动系统进行控制，因而可以提高系统的可靠性。

### 应急救生技术

为了保证航天员的安全，载人飞船在重要任务阶段设置有独立的救生措施，配备了应急救生系统，在有故障或发生事故的情况下保证航天员的生命安全。载人飞船的应急救生系统与运载火箭的逃逸系统一起共同完成待发段、上升段、运行段全过程的救生任务。

抛整流罩前的应急救生：飞船从逃逸飞行器分离后，能自主安全着陆（或溅落）；

抛整流罩后的应急救生：飞船具有自主完成分离的能力，并防止分离后各舱段发生碰撞，飞船利用轨道机动能力对落点进行调整，安全降落在应急区域内；

飞船在运行段，因温度、电源、压力等故障，需自主返回时，具有在轨等待6小时的能力；

飞船内采取有效的防火措施，一旦舱内某部位着火，具有迅速灭火并恢复舱内环境的能力或实施应急返回；

运行段需应急返回时，在无测控通信网支持的情况下，飞船具有在航天员参与下自主返回应急着陆区的能力。

按载人飞船不同高度和运载火箭不同的状态制定了近十种救生模式。为飞船在轨运行段制定了上百种故障模式和相应的故障对策，并制定了提前和推迟返回的飞行计划和程序，指控中心可以根据飞船的工作状态正确决定有利的返回时刻。由于在应急和故障情况下无法在预定的着陆场着陆和回收，除设有副着陆场外，在国内外陆地和海上设置了若

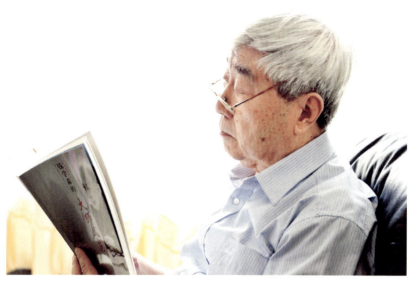

戚发轫在阅读关于钱学森的访谈录

干应急回收区,以保证返回舱着陆后航天员得到及时营救。

### 着陆缓冲技术

由于航天员的存在,着陆前必须进行缓冲以降低航天员经受的冲击。为了实现正常和故障情况下航天员承受的冲击载荷满足要求,载人飞船单独配置了着陆测高设备、着陆缓冲发动机、座椅缓冲器、座椅及束缚系统、座椅赋性垫,对密封大底结构进行了针对性设计。正常情况下,着陆缓冲发动机可将返回舱的降落速度降为 2m/s 以下,满足航天员冲击载荷要求。在发生发动机故障的情况下,利用结构大底、座椅缓冲器、座椅赋性垫的系统缓冲作用,降低各个方向的冲击,使航天员经受的冲击符合安全要求。

**升力控制技术**

为了提高返回舱的落点精度、保证落点调整能力和降低返回再入过载,载人飞船首次使用了不同于人造卫星的升力控制技术。在高精度导航的保障下,通过控制返回舱的倾侧角来改变作用在返回舱上的升力方向,达到减少气动阻力过载,改变飞行轨道并最终使返回舱在预定位置开伞的目的。

升力控制方式再入要求返回舱在防热上必须采用新的技术手段和材料,使返回舱能承受长达 600s 以上的气动加热时间,比返回式卫星长 5 倍。返回舱维持一个固定的姿态(攻角一定,迎风背面固定)不仅要采用新的防热材料,还要在返回舱的不同部位采用不同材料、不同厚度的多种结构形式来满足不同部位上的外热流环境要求。返回舱采用了大钝头倒锥形大头朝前再入方式,这给气动力设计造成了众多的技术难题,有些问题在国内无成果借鉴。因此,为提供精确的气动数据,必须作大量的分析

和风洞试验，有的还要经过真实飞行—气动参数辨识
才能提供使用。

湿度控制技术

湿度问题是载人航天飞行的一个特有问题，而
且在无人飞行试验中很难全面考核湿度控制功能。

载人密封舱的湿度控制采用了主动湿度控制和
被动湿度控制两个系统共同完成。主动湿度控制系
统工作由内外回路和冷凝干燥器完成；被动湿度控制
系统作用由粘贴在密封舱内壁的空气吸湿材料和高
效吸水复合材料实现。载人飞船待发段和上升段先
由主动湿度控制系统工作，再由被动湿度控制系统
工作；运行段主要由主动湿度控制系统工作，被动湿
度控制系统作为补充手段；返回制动和再入段主要由
被动湿度控制系统发挥作用。整个任务阶段，通过
主动与被动控制措施的联合作用，可以保证密封舱
的湿度满足航天员人体要求。

载人飞船由于航天员的特殊要求，以前人造卫
星采用的各专业技术往往不能适应。载人飞船在应
用卫星技术的基础上进行了发展和改进。采用新技
术或突破新的技术关键。主要有以下几个系统：

制导、导航与控制(GNC)系统

载人飞船为了满足对落点精度、再入过载和再入时配平攻角的要求,在中国航天器研制历程中第一次采用了制导、导航与控制一体化系统。又由于飞船受到地面测控区的限制以及再入段存在无线电黑障区,要保证再入时的连续制导、导航与控制,必须不依赖地面测控系统,由飞船自主完成。为此,GNC系统采用了先进的捷联式惯性导航技术。为了减少初始姿态测量误差和陀螺漂移时对导航精度的影响,采用卡尔曼滤波器在返回前完成对陀螺的标定,以给出准确的姿态。而滤波又采用了太阳矢量与地球矢量双矢量定姿方法,这样既简化了滤波器设计又提高了导航的精度。升力控制技术可以达到减少气动限力过载,使返回舱在预定高度顺利开伞。准确的离轨控制是返回舱准确着陆的重要前提,离轨控制的关键在于准时启动制动发动机,以保证推进系统能提供精确的速度增量。这个增量必须符合总体提出的制动精度要求。为了满足这个要求,GNC系统采用了基于加速度计测量的速度增量关机方案,这个方法也用于飞船的变轨和轨道维持。

GNC系统首次采用了上述三项新技术,并获得成功。另外,在姿态控制方面,增加了众多的模式,除具备全姿态捕获能力外,还具备对日定向、偏航机动、再入前调整配平攻角和返回舱的旋转控制等控制模式。制动前的调姿是分两次完成的。

### 回收着陆系统

载人飞船的回收着陆系统，首先要保证航天员在着陆时所承受的冲击载荷符合航天医学标准。减少冲击载荷最有效的办法就是降低着陆速度。着陆速度要远远小于返回式卫星回收设备所允许的着陆速度（一般为14~15m/s），必须小于3.5m/s。为了保证航天员在各种情况下回收着陆的安全，航天员是乘返回舱回收的，而返回舱要乘三名航天员，同时还要回收100kg的实验载荷，整个返回舱的重量超过3000kg。一般情况下无人航天器的回收采用降落伞系统就够了。但返回舱完全采用降落伞系统来把速度由200m/s（返回舱进入大气层后的稳定速度，在此情况下打开降落伞）降低到航天员着陆时所能承受的速度，在工程设计上是不合理的，伞系统的重量大到不能应用的程度。实际上，一般用降落伞将返回舱降到7~8m/s是合理可行的，剩下的速度由缓冲发动机在返回舱着陆时完成。

飞船的回收着陆系统第一步用降落伞系统把乘坐航天员的返回舱由200m/s的速度降到7m/s左右，这个伞的面积为1200m²（比回收几百千克载荷的返回式卫星的伞系统的面积大 10 倍 );第二步在距地面 1m 的高度再由缓冲发动机点火,使速度降到 3.5m/s 以下,以保证航天员的安全。

回收着陆系统的工作过程是由一系列按预定程序进行的动作来实现的。程序和动作是不可逆的。着陆程序一旦启动,各种动作就按预定程序进行,直到返回舱着陆(或溅落),如果中途出现故障,不可能将程序终止,也不能将动作重复。为提高可靠性,该系统配备了副降落伞系统作为主降落伞系统的备份,并且具有自主判别故障和主备切换功能。此外,也配备缓冲系统作为着陆缓冲发动机的备份。

回收着陆系统不仅要能适应返回舱在正常返回条件下的要求,还要适应返回舱在应急返回和发射段各种逃逸救生状态下的要求。这些状态包括:正常返回升力控制式再入、应急返回弹道式再入、零高度救生、低空救生、中空救生和高空救生。为此,该系统的控制计算机必须备有多种模式的工作程序,并能识别工作状态和调用所需工作程序的功能。同时采用"高度 — 时间"的控制方法。由"静压高度控制器"和"程控器"发出回收着陆程控指令。

**热控系统**

人造卫星热控制系统的主要任务,是保证卫星的

2008 年北京奥运会，戚发轫成为"火炬手"

结构部件和仪器设备在太空环境下处于一个合适的温度范围内，以保证其正常工作，而载人飞船热控系统还必须保证航天员所需的密封舱温度、湿度、气体流动速度的要求，因此也导致了载人飞船与人造卫星热控制系统的不同，使其具有自身的一些特点。

载人飞船要求具有一定的温度应急能力，以保证自主应急返回的时间；要求热控分系统具有较强的适应内、外热负荷变化的能力，如无人状态、不同的航天员人数和不同的有效载荷，以及飞船对地定向、对日定向、偏航机动不同的运行姿态等。

对于一般人造卫星，目前所采用的热设计方法基本上是分舱段热设计，即根据各个舱段的具体情况，如功率水平和湿度要求，确定舱段的散热面面积和位置，舱段之间基本上采用隔热设计。而载人飞船密封舱之间是相通的，不仅有仪器设备的发热，而且有航天员的代谢热，以及舱内气体净化和水再生等方面的化学产热，因此必须从整体上加以考虑，由此逐渐发展了载人飞船的热管理系统，并随之采用了一些新的设计方法。而且由于可靠性和安全性的要求，更多地采用了冗余设计的措施。

由于需求的不同，对于人造卫星主要采用被动热控手段，辅助一些电加热和其他的主动热控手段。被动热控主要采用隔热材料、热控涂层、导热填料、热管等，它们的状态一旦确定，在轨道上无法进行调整，但可靠性较高。然而载人飞船主要采用主动热控手段，尤其是流体回路热控制技术。

由于密封舱温度和湿度控制的要求，密封舱不能设置散热面，并应尽量减少与外部空间环境的热交换。这是因为，设置散热面后，散热面的温度受外部环境影响很大，而且散热面的温度必须比舱内的温度低，这样才能起到散热的作用。由此导致在散热面上出现了水汽的凝结，不仅温度无法控制，也影响到湿度控制，所以必须进行热量的远距离传输和排放。通过密封舱的通风和流体回路就实现了热量的收集、输运和排散。

流体回路一般由保证内部工质循环的泵组件，气—液与液—液等各类换热设备，以及压力补偿器、辐射散热器和温度控制部件等组成。系统较复杂，运动部件多，而且为了保证舱内温度和湿度的控制精度，对于回路上的关键温度需要进行精确控制。

由于卫星为无人航天器，强调可靠性但不存在人员的安全问题，而载人飞船是有人航天器，为保证航天员在各个任务阶段、各种情况下的安全，必须具有更高的可靠性和安全性的要求及措施。提高可靠性的目的是减少故障出现。提高安全性的目的是减少危及航天员生命和健康的事故发生。可靠性是安全性的基础，但可靠性不等于安全性，也不能代替安全性。就是说，可靠不一定安全。若设计上考虑不周、功能不全、程序不对、对策有误、操作不当，即使软硬件产品可靠，也会发生造成航天员伤亡的事故。例如，飞船采用非电传爆火工装置，虽然起爆和该装置的动作都是可靠的，但可能造成座舱内气体中有害成分超过航天医学标准，会对航天员造成伤害。对载人飞船来讲，这套系统就是不安全的。又如，座舱舱门密封和开启都是可靠的，但可能由于舱门尺寸、形状和航天服外廓突起物不协调造成航天员进出时有勾挂现象，不能按规定时间进出，也是不安全的。总之，载人飞船除了提高可靠性外，还必须把安全性当成最高设计准则，来完成各项工作，以保证航天员在任务全过程各种情况下不受损伤。

为满足更高的可靠性与安全性要求，除以上提到载人飞船采用的新技术外，在可靠性与安全性总体设计上也不同于人造卫星。提高载人飞船的可靠性除采用传统的常规的降额、备份、冗余、容错等技术外，还必须要求各重要系统有自主故障诊断和系统重构功能，保证做到"一度故障正常运行，二度故障安全返回"。载人飞船制导、导航与控制（GNC）系统，就具备自主故障诊断和系统重构功

戚发轫被推选为第九、十、十一届全国政协委员

能，做到无单点失效。推进系统借助于其他系统也可以做到无单点失效。除此之外，还要采取功能备份措施确保可靠和安全。如保证航天员着陆时不承受超过医学标准的冲击载荷；除采用缓冲发动机减小冲击载荷外，还把座垫、座椅、缓冲器和密封大底组成一个缓冲系统作为缓冲发动机的备份。又如，航天服作为密封座舱的应急备份措施，确保航天员在座舱意外失压时的人身安全。

　　由于载人飞船特殊的安全性要求，配备了应急救生系统，在重要任务阶段具有独立的救生措施，在出现故障或发生事故的情况下，确保航天员的生命安全。同时，发挥航天员的判断力、创造力以及处置故障和维修的能力，完成自动系统在某些特定条件下难以胜任的工作，也是保障航天员自身安全不可忽视的途径，因此，在载人飞船中配备有支持人工操作、控制的设备，以保证一些重要的指令、动作和功能可由航天员操作和控制，或改为自动系统的备份，或单独由航天员来完成。为了在紧急情况下发挥航天员的主观能动性，还设置了自主应急返回工作模式，航天员可根据当时的特殊情况，如座舱突然失压、本人发生不可恢复的生理异常，可以根据地面控制指令和舱内仪表显示的信息自主选定应急着陆区，启动紧急返回程序，确保返回到选定的着陆区。

为保证航天员的安全，对载人飞船制定了100多条故障对策应急措施。控制程序非常庞杂，其软件的工作量也非常庞大，有几十万个程序。正常情况下的软件工作量仅占20%左右，其余都是故障对策和应急救生时的软件工作量，这也表明安全性在载人飞船中的重要位置。

除设计上采取极高可靠性与安全性的措施外，还对所有的设计进行了大量的地面试验验证，并发展了可靠性与安全性试验验证技术。

## 下一站——月球

载人航天工程的第三步完成之后是登月工程。目前，无论学术界还是老百姓，都在热议中国人要不要去月球。美国总统奥巴马曾发表声明，称美国不再登月，而要到诸如火星和小行星上去。因此有人提出：美国都不去了，我们为什么还要去？我是登月工程的积极分子：正因为我们没去过，才更要去。从技术来说，载人航天的发展要不要经历从地球到月球这一步呢？美国人已经登过月，他们可以说不去月球，而去小行星；但中国是否也跟美国一样，不登月就向更远的深空挺进呢？我个人认为，这是不科学的，38万千米远的月球我们都没有去过，要去小行星甚至火星，这不符合一步一步脚踏实地的科学态度。从载人航天这个角度上讲，中国人一定要去月球。如果利用现有技术和长征五号火箭的能力，通过多次发射和多次在轨交会对接，然后飞向月球，这个方案从技术上来讲是可行的。假如这个方案能够付诸实施，那么中国有可能在2025到2030年之间实现载人登月。联合国《月球公约》规定：月球是属于全人类的，谁开发谁受益。如果等到我们真正认识到月球有利用价值了，而我们又没有能力去的话，那就为时已晚。因此，从战略上来看，我们现在必须攻克和掌握相关的关键技术，做一些预先研究。

我们现在正在论证，也给中央写信，希望得到支持。无论是否会立项，关键技术的攻关是应该开始的，因为这是要花费大量时间的。比如，"东风五号"目前使用的大型火箭发动机是 20 年前 "863 计划" 立项时就开始做的，用了 20 年才做到应用。登月工程的关键技术若现在还不启动，就来不及了。登月之前，先要探月。

中国的探月工程分三步走，第一步是绕月飞行。这项工作，已经由 "嫦娥一号" "嫦娥二号" 完成。"嫦娥一号" 在距离月球表面 200 公里的高度绕月飞行，将整个月球表面的情况反馈回地面，最后降落到月球上。此前，月球上已经有美国国旗、印度国徽分别代表各自的国家，由此，"嫦娥一号" 成为月球上代表我国的标志性物体。"嫦娥二号" 在距离月球表面 100 公里的高度绕月飞行，并瞬间到达距离月球表面几十公里的高度，确定了下一步落到月球上进行探测工作的平坦区域。在作试验并拍摄小行星的照片之后，"嫦娥二号" 运行在距离地球 6000 万公里左右的轨道上，为我国探测火星作准备。

第二步是落到月球进行探测。我们设计了一个月球车，降落到月球预先选定的区域进行探测，然后将数据反馈回来。

第三步是要到月球上取几公斤石头和土壤回来。与美国不同的是，我们要在月球表面挖掘到一定深度，取样并返回地球。这项任务也得在 2020 年之前完成。

## 我们的法宝：航天精神

目前，我国已经可以称得上是一个航天大国，有进入太空的能力，有利用太空的能力，也有控制太空的能力。这些成绩的背后，离不开中央的关怀和正确决策，也离不开千千万万科研人员所凝聚起来的航天精神。中央曾提出"两弹一星"精神，即"热爱祖国、无私奉献、自力更生、艰苦奋斗、大力协同、勇于登攀"。但中国航天工程立项时，也就是研发"神一"的时候，是一个特殊的时期，在当时的条件下，必须拿出一种特别的精神来做。这就是中央总结提出的载人航天精神，叫"四个特别"，即"特别能吃苦、特别能战斗、特别能攻关、特别能奉献"。

爱国不是抽象的。爱国就要爱事业，爱国不爱航天，那不是空的吗？爱航天就要爱五院，爱五院就要爱这个岗位。"爱"字很重要，爱国，爱事业，爱集体，爱岗位，有爱才有动力，有爱才有奉献。

载人航天精神的源头也在一个"爱"字。

有了爱，很多老科学家不仅自己做得很好，还很关心年轻人，在业务上无私传授，毫无保留。"神六"发射成功之后，我陪领导到钱学森先生家中汇报情况，钱老看我满头白发，就问起了孙家栋（国家最高科技奖获得者）、王永志（首任载人航天工程总设计师）："你们三个谁大？他们都好吗？"我们都是他的学生，

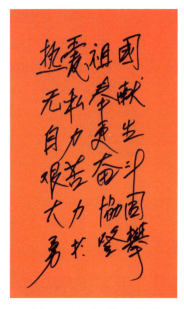

戚发轫手书的"两弹一星精神"

我们都老了，他还关心我们。像钱老、任新民这些大科学家们，永远是我们的榜样。

飞船的队伍一直都是贯彻实现航天精神的典范，却因此得到了一个"不好"的名声——总是加班。我们经常调侃自己是"星期六肯定加班，星期天加不加班不肯定"。在与德国人交流时，对方问我："戚先生，你们真有本事，一年发射两个飞船！有什么好办法，能不能给我介绍一下？"我说："第一，我不能讲；第二，讲了你们也做不到。"他说："我们德国人不比你们中国人差，怎么你们中国人能做到，

我们做不到?"我说:"我去过德国,一周里,星期一、星期五不做重要的工作,重要工作都放在中间的几天做。中国人是白天干活,晚上干活,星期六、星期天、过节都干活。"他说,那违反《劳动法》。我说:"我们凭什么能赶上你们,就是凭着这个精神。"他听后,更加佩服中国人。

在这个过程中,飞船研制队伍形成了有特色的文化,那就是神舟文化。第一是国家利益至上的政治文化,核心是热爱祖国,我们干的事业涉及国家和民族的利益,国家利益至上,任何矛盾都必须服从于国家利益;第二是同舟共济的团队文化,载人航天大系统不是少数几个人、几个总师能够决定成败的,而是整个载人航天团队,这个团队不仅包括中国空间技术研究院,还包括上海航天技术研究院、中国科学院、航天员中心等其他单位,这要求我们必须融入这个集体中;第三是勇于攀登的创新文化,飞船的研制需要创新,符合中国情况;第四是零疑点、零故障、零缺陷的质量文化,这是我们一直贯彻的,我们都把质量放到第一位,建立了一套规章制度。

航天精神,是我们中国航天人在特殊的历史条件和特殊需要的时候所具有的特别精神。比如,"神五"发射之前正是"非典"肆虐的时候,我们上百人的队伍绝对不能有一个受到感染。因此，连续几个月，我们全在招待所住着，没有一个人回家。这需要一种特别的精神。

古语说"忠孝不能两全"，这也是我最感到内疚的事情。在生活中我没有当好一个儿子，没有当好一个丈夫，更没有当好一位父亲。年轻时对父母、结婚以后对妻子、老了对儿女，都没有尽责，照顾很少。但我们搞航天的同志也大都有这样的经历，许多同志家里也有这样的事，不能回去。所以搞航天，离不开自己的岗位，忠孝不能两全，大家都有所体会。

"神五"发射成功后，胡锦涛同志特地给我们写了一封信，信中将航天精神概括为五句话："热爱祖国，为国争光的坚定信念；勇于攀登，敢于超越的进取意识；科学求实，严肃认真的工作作风；同舟共济，团结协作的大局观念；淡泊名利，默默奉献的崇高品质。"我深刻体会到，这五句话概括中国航天人在正常情况下所坚守的航天精神，再恰当不过了。

"神五"成功之后，有越来越多的年轻人立志投入这项事业，很多大学还开设了相关专业，20世纪以后，科技领域发展最快的就是航天。在21世纪，航天技术是体现一个国家综合国力的主要方面，现在载人航天、登月计划、火星探测都很热。19世纪靠能源、石油，21 世纪，不管是百姓生活还是综合国力，都会离不开航天技术。这并不夸张，50 年前，老百姓肯定想象不到卫星与自己的生活有什么关系。所以，我想告诉年轻人，人类对宇宙的探索没有穷尽，航天领域有广阔的前途，有很大的发展空间。青年人选择航天工作，要做好沉下去的心理准备。航天工程周期长，不是做一锤子买卖，我们也曾经流失了一些人才，很可惜。但是现在，"搞导弹不如卖茶叶蛋"的情况已经不存在了，待遇也比以前好多了。中国的航天事业需要年轻人，欢迎更多的年轻人献身我们的事业。

整理者：于　洋

**图书在版编目（CIP）数据**

"神舟"首任总设计师讲述：中国航天的历程 / 戚
发轫口述；于洋整理 . —北京：中国文史出版社，
2017.5

ISBN 978-7-5034-9295-2

Ⅰ.①神… Ⅱ.①戚… ②于… Ⅲ.①航天工业—发
展史—中国 Ⅳ.① F426.5

中国版本图书馆 CIP 数据核字（2017）第 144787 号

责任编辑：潘　飞

出版发行：中国文史出版社
社　址：北京市西城区太平桥大街 23 号　邮编：100811
电　话：010-66173572　66168268　66192736（发行部）
传　真：010-66192703
印　装：北京地大彩印有限公司
经　销：全国新华书店
开　本：142x210 1/32
印　张：3.5　字数：56 千字
版　次：2019 年 1 月北京第 1 版
印　次：2019 年 1 月第 1 次印刷
定　价：33 .00 元